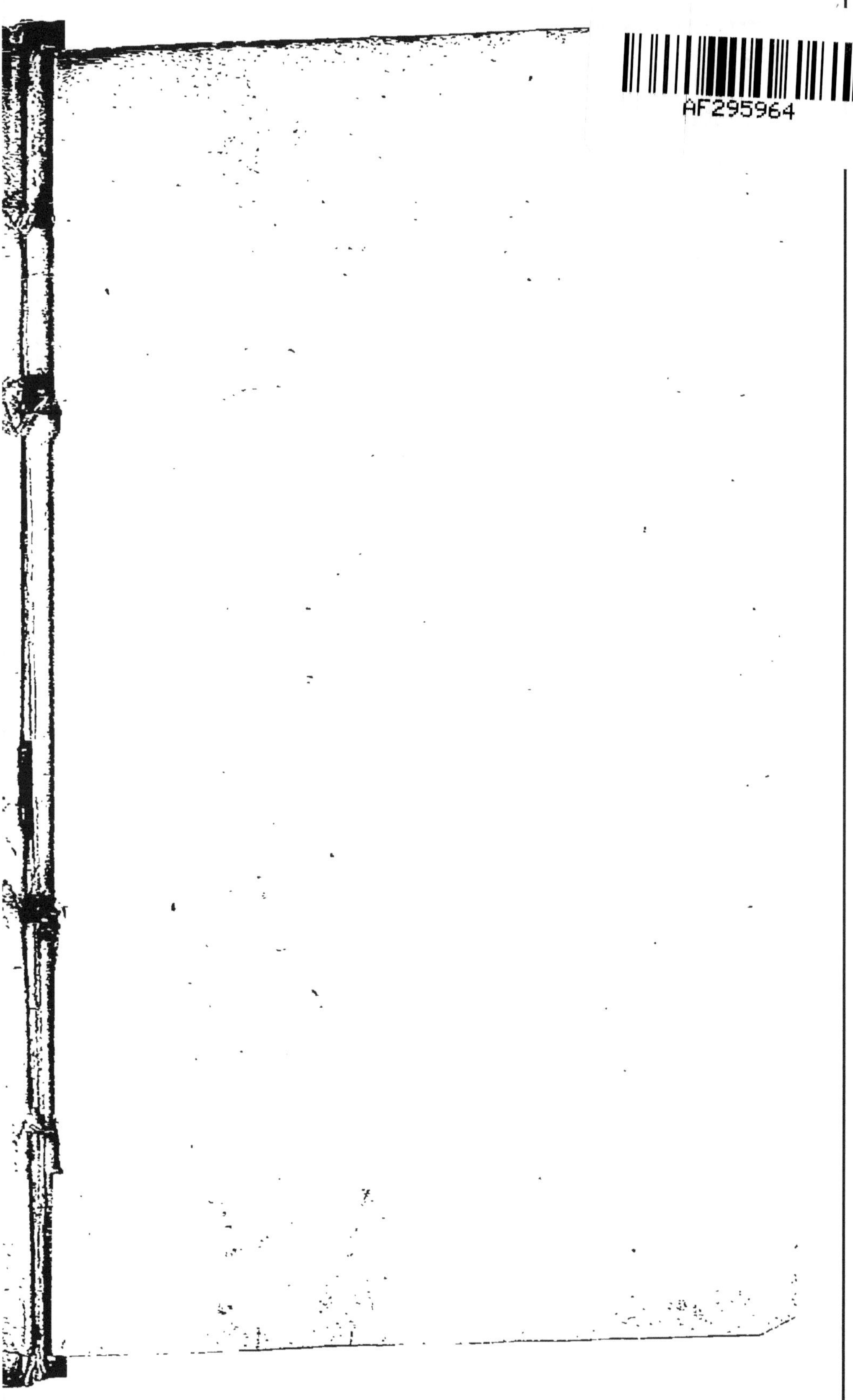

LETTRE

TOUCHANT L'HISTOIRE

DES QUATRE GORDIENS,

Prouvée par les Medailles.

A PARIS,
Chez JEAN BOUDOT, ruë S. Jaques,
au Soleil d'or.

M. DC. XCVI.

AVEC PERMISSION.

LETTRE

TOUCHANT

L'HISTOIRE

DES QUATRE GORDIENS,

prouvée par les Medailles.

EUTHYPHRON A PHILALETHE.

E tous ceux qui ont l'honneur de vous connoître, il
n'y a personne qui ne tombe d'accord, que vous me-
ritez des loüanges par mille endroits.
Mais, celui de l'amour que vous avez
pour la verité, l'emporte par dessus tous
les autres. J'ay toûjours remarqué cet a-
mour en vous trés fort en toutes choses,
sur tout à l'égard des Ouvrages nou-
veaux dans lesquels les Auteurs avan-

A

cent des propositions qui souffrent la moindre difficulté. D'abord qu'il en a parû quelqu'un, vous témoignez une grande passion qu'on y fasse réponse, non pas pour avoir le plaisir de voir les gens de lettres aux mains les uns avec les autres, pensée dont vous êtes tres éloigné; mais, afin que l'on puisse sçavoir à quoi s'en tenir dans les matieres qui paroissent douteuses.

Vous m'avez marqué le même desir touchant l'Histoire des quatre Gordiens, prouvée & illustrée par les Medailles qui paroît depuis peu, & qui fait beaucoup de bruit parmi ceux qui ont été persuadez jusqu'à present, qu'il n'y en avoit que trois. Vous me dîtes en même-tems, que vous entendiez dire de tous côtés, que le sentiment que l'on soûtient dans cét Ouvrage est particulier à un petit nombre de curieux de Medailles, & que les principaux & les chefs dans cette connoissance, & entre autres M. Vaillant, n'en conviennent pas avec eux, & si cela étoit qu'il seroit bon que les derniers apportassent les raisons qu'ils ont de ne vouloir admettre que trois Gordiens, autrement,

comme on donne volontiers dans la
nouveauté, que l'opinion des autres
l'emporteroit.

Je vous répondis que ce sentiment
n'étoit pas nouveau, & que l'Angeloni,
Personnage d'aussi peu de capacité dans
les belles lettres, qu'il avoit peu de connoissance & d'experience dans les Medailles antiques, non seulement n'avoit
été suivi de personne; mais même, qu'il
avoit été refuté par M. Bellori son propre
neveu, qui vit encore aujourd'hui avec
la reputation d'un homme illustre par son
erudition tres profonde. J'ajoûtai que
le même sentiment renouvellé n'auroit
pas apparemment plus de suite, & qu'il
y avoit de la sagesse à ne pas relever
ces sortes de nouveautez, par des réponses qui leur donnoient souvent du
credit; que ces réponses & les repliques
que l'on y faisoit, apprêtoient plûtôt à
rire au public qu'elles ne l'instruisoient,
& que tout bien examiné, il valoit
mieux laisser le monde dans la liberté
d'écrire, & de croire ce qu'il lui plai-
soit sur ces sortes de sujets, qui ne re-
gardent ni l'Estat, ni la Religion.

Mais, cette réponse ne vous satisfit

pas, & vous repliquâtes que l'ignorance s'introduiroit bien-tôt dans la Republique des Lettres, fi ce que je venois d'avancer avoit lieu, & qu'il n'y auroit plus que les efprits du premier ordre qui fçauroient quelque chofe, en faifant des découvertes qui demeureroient cachées à ceux qui n'avoient pas la même pénetration, s'ils prenoient une fois la refolutien de ne les point communiquer, & de les referver pour eux. Vous dites encore tant d'autres chofes fur ce fujet, que je me rendis, & que je joignis mes vœux avec les vôtres, pour fouhaiter que quelqu'un de ces habiles Antiquaires qui tiennent conftamment pour les trois Gordiens, fît une réponfe à l'hiftoire des quatre.

Aprés m'être feparé d'avec vous, tant pour avoir l'honneur de vous donner le mieux qu'il me feroit poffible la fatisfaction que vous fouhaitiez, que pour m'inftruire moi-même, je refolus de lire exactement les preuves contenuës dans l'Hiftoire dont il eft queftion, de les conferer avec les originaux, & de développer la verité. J'ai executé ce projet avec grand foin, & je me fuis auffi éclairci sur l'argument que l'on tire des Medailles. Mais, tout ce que j'ai lû & vû, aprés avoir dissipé quelques tenebres, n'a fait que me confirmer davantage dans la croiance où j'étois dêja, qu'il n'y a que trois Gordiens, les deux Gordiens Afriquains, & Gordien Pie ; & j'espere que vous ne recevrez point le quatriême non plus que moi, si vous vous donnez la peine de lire ma lettre patiemment jusqu'à la fin.

Je vous declare d'abord que je ne dirai rien directement contre l'Histoire, qui est écrite d'une maniere si aisée, d'un stile si élegant, & en des termes si choisis, que l'on peut dire que ce seroit une piece d'éloquence françoise, achevée, si la verité s'y trouvoit dans l'établissement du quatriéme Gordien. Je m'attacherai seulement aux preuves, & aux autoritez qui sont apportées à la fin de cét Ouvrage, dont on se sert pour appuyer ce Gordien, & en les suivant pas à pas je ferai voir clairement, & d'une maniere convainquante, qu'on n'en peut tirer la moindre consequence, pour lui donner l'existence que l'on prétend.

Premierement, on fait un grand fond

fur l'Arrêt du Senat, rendu au mois de Mai, l'an 990. de la fondation de Rome, pour reconnoître Empereurs, les Gordiens Afriquains, dans lequel on lit ces paroles : *Nepoti Gordiani Quæſturam decernimus. Nepoti Gordiani Conſulatum ſpondemus. Nepos Gordiani Cæſar appelletur. Tertius Gordianus Præturam accipiat.* Nous donnons au petit fils de Gordien la charge de Queſteur. Nous promettons le Conſulat au petit fils de Gordien. Que le petit fils de Gordien ſoit appellé Ceſar. Que le troiſiéme Gordien reçoive la charge de Preteur.

En paſſant, il eſt bon de remarquer ſur ce paſſage, qu'un des Manuſcrits de la Bibliotheque du Roi, qui eſt celui dont Caſaubon s'eſt ſervi, & que j'ay conſulté, au lieu de *Præturam decernimus,* porte, *Quæſturam.* Cette leçon eſt plus recevable que l'autre, parce qu'on arrivoit de la Queſture à la Preture, & c'eſt ce qui m'oblige de ſuivre plûtôt ce Manuſcrit, que les livres imprimez.

Pour retourner à nôtre ſujet, on pouroit conteſter la verité de cet Arrêt du Senat, & lui oppoſer celui que le mê-

me Capitolin rapporte dans la Vie des
trois Gordiens, qu'il joint ensemble dans
son histoire ; car, il doit être tenu pour
le veritable avec d'autant plus de raison qu'il y est parlé expressément & dans
son lieu, de l'élection des deux Gordiens
Afriquains, sans aucune mention d'un
autre Gordien, ni de la Questure, ni de
la Preture, ni du Consulat, ni de la dignité de Cesar. Le voici, &, en des termes differens du precedent. *Dij vobis
gratias ; liberati ab hostibus sumus, si
penitus liberemur. Maximinum hostem
omnes judicamus. Maximinum cum filio
Diis inferis devovemus. Gordianos Augustos appellamus. Gordianos Principes
agnoscimus: Imperatores de Senatu, Dij
conservent. Imperatores nobiles, victores
videamus. Imperatores nostros Roma vi-
deat. Hostes publicos qui occiderit, pra-
mium merebitur.* Dieux, nous vous ren-
dons graces, nous voila délivrez de nos
ennemis, si nous pouvons en être entierement delivrez par leur mort. Nous décla-
rons tous Maximin ennemi. Nous dé-
vouons Maximin avec son fils aux Dieux
soûterrains. Nous appellons les Gordiens,
Augustes. Nous reconnoissons les Gor-

diens pour Princes. Que les Dieux con-
servens les Empereurs choisis par le Se-
nat. Qu'ils fassent que nous voyons les
nobles Empereurs victorieux. Que Rome
puisse voir nos Empereurs. Celui qui tue-
ra les ennemis publics, meritera recom-
pense.

Il n'est pas fait dans cét Arrêt du Senat, la moindre mention d'un troisiéme
Gordien, ni d'un Cesar. Cependant, il
nous est donné pour avoir été rendú
dans le mois de Mai, au sujet de la
même élection pour laquelle l'autre a
été fait. L'un des deux doit être rejetté;
parce que le Senat ne peut pas en avoir
rendu deux en un même jour, dans l'un
desquels il soit fait mention d'un Cesar
proclamé, pendant qu'il n'y en a pas un
mot dans l'autre. Lequel doit-on recevoir? Lequel faut-il rejetter? La raison
demande que l'on se declare plûtôt pour
le dernier que pour le premier; car, le
premier n'est point dans la place où il
doit être naturellement. On pourroit
même soupçonner qu'il a été dressé en
cette forme par ceux qui l'envoyerent à
Maximin, pour lui donner avis de ce que
le Senat avoit fait contre lui, qu'il ne

contient rien de ce que le Senat avoit prononcé touchant les deux Gordiens Afriquains, qu'en fubftance, & que ce qui s'y lit touchant le troifiéme Gordien eft falfifié. Mais, j'ai touchant cét endroit une autre penfée, qui fera marquée dans fon lieu.

Neanmoins, pour répondre à cette difficulté, l'on pourroit repartir que ce dernier Arrêt du Senat n'eft pas l'Arrêt entier, mais feulement une partie, & que l'autre & celui-ci, doivent être joints enfemble pour le rendre complet; de forte que l'on ne peut pas difconvenir, qu'outre les deux Gordiens Afriquains, il n'y foit encore parlé d'un troifiéme Gordien declaré Cefar.

On n'auroit pas beaucoup de peine à accorder qu'il fe peut que les deux ne doivent faire qu'un feul Arrêt du Senat. Mais, ce que j'ai de la peine à croire, quand cela feroit, la caufe de ceux qui veulent fe fonder là-deffus, pour introduire un quatriéme Gordien, n'en deviendroit pas meilleure.

En effet, dans le tems que le Senat accorde au vieux Gordien plus qu'il n'avoit demandé, & même, plus qu'il n'au-

A v

roit ofé efperer ; pourra-t-on s'imaginer
que le même Senat ait voulu obmettre
la moindre chofe de ce qui pouvoit le
fatisfaire, & lui têmoigner fa joye d'a-
voïr en lui un defenfeur & un protec-
teur contre la tyrannie de Maximin.
Cét Empereur en écrivant d'Afrique au
Senat, avoit feulement deffein d'obte-
nir de lui qu'il approvât, & qu'il confir-
mât fon élection. Le Senat fait plus. Il
declare fon fils, Augufte, conjointement
avec lui , & afin qu'il ne manquât rien à
l'honneur qu'il lui faifoit, il proclame
Gordien fon petit fils, Cefar; car, je
parle fuivant la pretention que l'on a.
Si le vieux Gordien avoit eu deux petits
fils, comme on l'écrit avec affurance
dans l'Hiftoire des quatre Gordiens, le
Senat auroit proclamé le fecond de même. Qu'elle raifon auroit-il eu de proclamer l'un, & de ne point proclamer
l'autre? Les Senateurs fans doute l'auroient fait, & non feulement ils au-
roîent proclamé celui-là, mais encore
tous les autres, s'il en avoit eu en plus
grand nombre. Et le même Gordien auroit eu fujet dans la fuite, de leur té-
moigner du mécontentement, & même

du reſſentiment de ce qu'ils ne l'auroient
pas fait, puis que c'étoit une choſe
qu'il auroit faite independamment
d'eux, en vertu de l'autorité qu'il avoit
en main. Mais, ils n'en connoiſſoient pas
d'autre, & ils le déclarent eux-mêmes
ſuffiſamment, quand ils diſent dans leur
Arrêt : *Tertius Gordianus Præturam accipiat.* Ils ne nomment que ce troiſiéme,
parce qu'il n'y en avoit pas un quatriéme. Les Hiſtoriens ne connoiſſent auſſi
que trois Gordiens. Herodien, Junius
Cordus, Dexippe, Zoſime, nonobſtant
la violence que l'on fait à ſon texte, &
tous les autres, ne font mention que des
deux Afriquains, & de Gordien Pie. De
plus, comment voudroit-on que Capitolin pût contribuer à faire croire
qu'il y en eût quatre, lui qui en fai-
ſant leur hiſtoire, les joint dans un ſeul
Livre, auquel il donne le titre de *Tres
Gordiani ?*

Il faut donc conclure de tout ceci, que
l'Arrêt du Senat rapporté dans le Maximin de Capitolin, n'a rien de favorable au quatriéme Gordien ; mais au contraire, que le Gordien qui y eſt proclamé Ceſar, ne peut être un autre que

Gordien Pie, parce qu'il n'y avoit que lui auquel on pût conferer cette dignité. Il n'importe pas que cette proclamation se soit faite au mois de Mai, non seulement parce qu'aprés les deux Gordiens Afriquains, il n'y avoit qu'un seul autre Gordien ; mais encore pour d'autres raisons essentielles, & particulierement pour celle qui va suivre.

Capitolin, aprés avoir rapporté ce dernier Arrêt du Senat, où il n'est pas fait mention d'un Gordien appellé, Cesar, quoi qu'il en soit fait mention dans l'autre, dit que Junius Cordus, Historien des Gordiens, leur contemporain, à ce qu'il paroît, a remarqué que cét Arrêt fût *tacitum*, c'est à dire secret, & il explique à Constantin le Grand, auquel il a dedié ses trois Gordiens ce que c'étoit qu'un Arrêt secret du Senat. Il dit : *Il n'y a pas d'autre exemple à donner d'un Arrêt secret du Senat, que ce que vous pratiquez aujourd'huy, lors que vous assemblez les premiers Ministres de vôtre Cour, & que vous deliberez avec eux des affaires qui ne doivent pas être renduës publiques,*

en prenant serment d'eux, comme vous
avez coûtume de le faire, qu'ils garderont
le secret, de crainte que personne n'en_
tende, ou ne penetre les resolutions que
l'on y prend, avant qu'elles soient exécu-
tées. Les necessitez publiques ont donné
lieu à cette coûtume chez les Anciens,
de faire un Arrêt secret du Senat, lors
qu'il s'agissoit de se relâcher en quelque
chose, quand l'Estat étoit menacé d'une
irruption à laquelle il étoit difficile de
s'opposer, ou de prendre des resolutions
qu'il ne falloit pas divulguer avant leur
exécution, ou qu'ils ne vouloient pas que
leurs Alliez en eussent communication.
Alors pour mieux garder le secret, ils
avoient la précaution de ne donner entrée
dans le Senat, ni aux Secretaires, ni
aux Officiers publics de la Compagnie,
ni à aucun autre, & c'étoient des Senateurs qui faisoient alors la fonction des
uns & des autres.

Sur ce passage qui est tres remarquable, Casaubon observe qu'il est singulier, & que dans tous les Ouvrages des
anciens Auteurs, il n'y a que ce seul
endroit, où il soit parlé d'un Arrêt
secret du Senat. Voici les consequen-

ces que l'on doit tirer de celui dont il s'agit ici.

Si l'Arrêt du Senat donné dans le mois de Mai, a été un Arrêt secret, les Senateurs se separerent en gardant un profond silence, & avec une grande reserve, sur ce qui auroit pû donner soupçon de ce qu'il contenoit. Ils ne dirent pas qu'ils avoient approuvé la facilité avec laquelle le vieux Gordien s'étoit porté à accepter la qualité d'Empereur, ni qu'ils lui avoient associé son fils à l'Empire. Ils ne dirent pas aussi qu'ils avoient proclamé Cesar, un autre Gordien, tel qu'il pût être. Ils firent encore moins fraper des Medailles en son nom sous ce titre; car, ils ne le firent pas même pour les deux Gordiens. Ils se garderent bien de faire rien de toutes ces choses, parce que par là, ils auroient rendu public, l'Arrêt qu'ils vouloient être secret jusqu'à l'arrivée des deux Empereurs, pour ne pas irriter contre eux, Maximin, qui leur étoit si odieux pour les raisons qu'en rapporte Capitolin.

D'un autre côté, ce Gordien declaré Cesar, ne pût recevoir les honneurs de sa nouvelle dignité, ni en faire aucune fonction, ni se prévaloir des privileges qui y étoient attachez, parce qu'il n'en sçavoit rien, & qu'il n'en devoit rien sçavoir ; car, tout le mistere des Senateurs auroit été revelé s'il en avoit eu connoissance. Les Senateurs tenoient secretté la declaration qu'ils avoient faite en faveur des deux Empereurs, à plus forte raison celle qu'ils avoient faite en faveur du Gordien Cesar. Mais, ce Gordien Cesar ne pouvoit être autre que le troisiéme de ce nom, appellé Gordien Pie parmi les Empereurs Romains, parce qu'il n'y en avoit pas d'autre que lui, comme il a déja été dit, & comme nous le verrons encore cy-aprés plus particulierement.

Qu'arriva-t-il ensuite de l'Arrêt secret du Senat ? le Senat fut trahi, & malgré sa précaution, chose qui selon Capitolin, n'étoit jamais arrivée, Maximin reçut une copie de cét Arrêt terrible pour lui, qui le declaroit non seulement déchu de l'Empire ; mais encore, qui le proscrivoit & mettoit sa tête à prix. De l'humeur feroce dont il étoit, il jetta feu & flamme. Il harangua fort pathetiquement ses soldats, &

les anima pour les faire marcher droit à Rome.

Les Senateurs apprennent de toute part cette resolution avec épouvante, en même-tems que la trahison qui leur avoit été faite, dont il n'étoit pas aisé de découvrir l'Auteur. Pour surcroît de trouble & d'accablement, on leur rapporte aussi, justement un mois après les avoir declarez Empereurs, que l'un & l'autre Gordien, dans lesquels ils avoient mis leur esperance, n'étoient plus. Dans cette extrêmité, ils s'assemblent & choisissent dans le Senat deux autres Empereurs, Pupien & Balbin, pour s'opposer à Maximin, & se delivrer de sa cruauté, dont ils redoutoient les effets sur leurs propres personnes, à cause des démarches qu'ils avoient faites contre lui. L'élection faite, ils sortent du Senat, & font un sacrifice dans le Capitole.

Cependant, le peuple informé que Pupien & Balbin avoient été faits Empereurs, témoigna beaucoup de mécontement de l'élection de Pupien, à cause de sa severité qui lui étoit connuë. Dans sa mutinerie, tant par l'af-

fection qu'il avoit pour les Gordiens
qui venoient de périr, que pour avoir
un jeune Prince qui le protegeât, &
qui contre-balançât en sa faveur le
joug de Pupien, qu'il s'imaginoit leur
devoir être trop pesant, il demanda le
petit fils du vieux Gordien pour Cesar,
en menaçant les Senateurs, & même
se mettant en devoir de le faire, de
ne pas les laisser sortir, s'ils lui refusoient
cette satisfaction. On alla prendre le
petit Gordien chez lui, agé seulement
d'onze ans, ou de treize, comme d'autres le veulent. On le porta au travers
de la foule du peuple jusqu'au Capitole, où les Senateurs contre leur coûtume, se rassemblerent, & firent un
second Arrêt par lequel ils le declare-
rent Cesar. C'est ce que Herodien &
Capitolin rapportent unanimement en
parlant de ce qui se passa ce jour-là vers
la fin du mois de Juin, & c'est aussi de
quelle maniere se passa la proclamation en qualité de Cesar, du troisiéme Gordien, qui est Gordien Pie, sur
laquelle on peut faire les reflexions sui-
vantes.

Les Senateurs oubliant la proclama-

tion de Gordien Cesar, qu'ils avoient
faite au mois de Mai, n'ont au mois
de Juin d'autre soin, ni autre occupa-
tion que d'élire deux Empereurs, &
ils ne songent en aucune maniere à ce
Gordien. Cependant les deux Gordiens
Afriquains morts, il semble qu'ils de-
voient ou le declarer Empereur conjointement avec Balbin & Pupien, ou
au moins à cause de sa trop grande
jeunesse, le confirmer Cesar, afin de
donner encore ce témoignage de leur
consideration pour les Gordiens.

On ne doit pas dire en se fondant sur
le passage de Zosime, que les Senateurs
ne songerent pas à ce Gordien, parce
qu'ils avoient appris qu'il étoit peri sur
mer; car, la verité de ce fait qui est tres-
faux, comme on le prouvera, étant sup-
posée, ils n'avoient pas encore appris
cette nouvelle; mais seulement celle
de la mort des deux Gordiens, parce
que s'ils l'avoient apprise, les Historiens
en auroient fait mention. De plus, comme il est tres croyable, d'abord que les
deux Gordiens furent morts, l'un en
se défaisant lui-même, & l'autre ayant
été tué dans la bataille contre Capelien,

que l'on partit en même-tems de Carthage, pour venir apporter à Rome la
nouvelle de cét evenement, avant que
de faire embarquer le jeune Gordien
que l'on prétend, pour l'y transporter.
Si l'on obstine a soûtenir que celui qui
porta cette nouvelle étoit avec lui, il
auroit donc échapé du naufrage. Si ce
bonheur lui étoit arrivé, il en auroit
parlé à Rome, de même que du naufrage, & les Historiens n'auroient pas
dû cacher cette circonstance.

Mais, on parle autrement de cét em-
barquement dans l'Histoire des quatre
Gordiens. Car, aprés avoir neanmoins
designé le contraire dans l'Histoire, on
établit pour un fait dans les preuves, que
les deux Gordiens Afriquains l'avoient
envoyé eux-mêmes auparavant, parce
qu'il leur étoit tres important de conserver l'affection que le peuple de Rome avoit pour eux, & que *pour l'entre-
tenir, il faloit lui montrer un objet auquel il pût s'attacher.* Rien n'est plus aisé que de répondre à cette objection,
qui n'a d'ailleurs aucune solidité.

Si les Gordiens eussent eu avec eux le
Gordien que l'on suppose, ils se seroient

bien gardez de l'envoyer à Rome avant
que d'avoir appris de quelle maniere
l'élevation de l'un des deux y auroit
été reçuë. Mais, il y a grande apparence qu'ils moururent l'un & l'autre
avant que d'en avoir reçû la réponse,
parce qu'il n'y eut qu'un mois d'intervalle entre leur élection faite par le Senat, & la nouvelle de leur disgrace portée
à Rome, eu égard au voyage pour aller
& pour venir par mer, aux circonstan-
ces, & aux accidents qui pouvoient y
apporter du retardement. Ajoûtez encore que les Gordiens n'avoient pas besoin de la précaution qu'on leur fait
prendre pour conserver l'affection du
peuple Romain, puis qu'ils y avoient
un autre Gordien, qui est Gordien
Pie, comme il n'y a pas lieu d'en douter.

En second lieu, de ce que les Senateurs en faisant le choix de Balbin &
de Pupien, n'eurent point d'égard au
Cesar qu'ils avoient proclamé au mois
de Mai, je tire un argument qu'ils
n'avoient point fait de proclamation en
ce tems-là, comme en effet toutes les
apparences sont qu'ils n'en avoient point

fait. Car, si ils en eussent fait une, pour
se delivrer de la violence qu'on leur
faisoit, & sans se rassembler une autre
fois pour faire une nouvelle proclamation, ils n'avoient qu'à dire qu'elle
avoit déja été faite par leur Arrêt secret precedent, & qu'il n'étoit point
necessaire de la faire une seconde fois,
le peuple se seroit appaisé, & ils se seroient épargné la peine de faire une
chose aussi extraordinaire que celle qu'ils
firent alors, comme on l'a remarqué
cy-devant avec Capitolin. Encore une
fois, cela joint avec ce qui a été ob-
servé & avec ce que l'on remarquera
encore sur ce sujet, laisse à douter
fortement qu'il y ayt eu une proclamation de Cesar faite au mois de Mai.
Mais l'on dira, le contenu de l'Arrêt
du Senat est exprés là-dessus, & l'on
ne peut pas ôter ces paroles qui témoi-
gnent si positivement le contraire. Je
répons à cela qu'il y a dans le même
Capitolin, des passages qui ne sont pas
dans leur lieu, comme dans la harangue de Maximin, que nous examinerons,
& qu'il se peut faire aussi que celui-ci
ne soit pas dans sa place, & que c'est

une partie, où l'Arrêt entier du Senat, par lequel Gordien Pie fut declaré Cesar au mois de Juin. Ainsi, l'on peut croire qu'il y a de l'alteration dans celui du mois de Mai, & il suffit que la raison serve d'indice à s'appercevoir qu'il y en a. Ce qui peut encore servir à prouver que le Senat ne fit point alors de proclamation, est qu'il n'étoit pas besoin qu'il la fît, parce que du moment que les Gordiens furent declarez Empereurs, c'étoit proprement à eux à declarer Cesar, celui, ou ceux qu'il leur plairoit, & ils n'auroient pas voulu le faire, qu'aprés avoir reçu la nouvelle de cette declaration. Le vieux Gordien en a lui-même donné une preuve, en ce qu'il ne voulut pas declarer Cesar son propre fils, qu'il avoit auprés de lui, sur la simple élection que le peuple d'Afrique avoit faite de sa personne pour Empereur. Ainsi, quand le Senat proclama Cesar, Gordien Pie, c'est que ni l'un, ni l'autre Gordien ne l'avoient point fait, & n'avoient pas eu le tems de le faire, & qu'il fut contraint de donner cette satisfaction au peuple.

S'il n'y a pas eu deux Gordiens Cesars, on demandera pourquoi il y a
une si grande dissemblance dans quelques Medailles frapées avec ce titre,
d'avec celles de Gordien Pie Empereur. J'ay a donner une réponse pré-
cise sur cette instance. Mais, en atten-
dant que je la donne, je demande
aussi de mon côté, pourquoy tant de
dissemblance dans les Monoyes, dans
les Medailles, & dans les Medaillons
de Loüis quatorze? Dira-t-on qu'il y a
autant de Louis quatorze qu'il y a de
ces pieces differentes, & qui ne se res-
semblent pas quant au Portrait? C'est
assez qu'il soit constant qu'il n'y a eu
qu'un Gordien César, & non pas deux
pour lui attribuer toutes les Medailles
qui portent le nom de Gordien Cesar, quelque dissemblance qu'il puisse
y avoir dans les Portraits, de même
qu'il suffit que l'on sçache qu'il n'y a
qu'un Loüis quatorze, pour lui attribuer toutes les Monoyes, toutes les Medailles, & tous les Medaillons qui portent son nom, quoi qu'il y en ait un
grand nombre d'une difference si nota-
ble, qu'on ne peut pas l'y reconnoître.

Quoi qu'il paroiſſe évidemment de ce qui a été dit cy-deſſus; qu'il n'y avoit en Afrique que deux Gordiens, le pere & le fils, & que le quatriéme que l'on ſuppoſe, n'y étoit pas : neanmoins, il faut encore montrer que le paſſage de Zoſime dont on ſe ſert pour faire voir qu'il y étoit, & qu'il fût noyé, ne ſignifie pas ce qu'on veut qu'il doive ſignifier. Le voici : Τὴν ἐκ Λιβύης, τῆς βασιλέω ἀνέλπιμον ἄφιξιν. Τῶν δὲ βίᾳ τῦ χειμῶνος ἐν τῷ πλεῖν ἀπολομένων, Γορδιανῷ θατέρου τούτων ὄντι παιδὶ, τὴν τῆς ὅλων ἡγεμονίαν ἡ γερουσία παρέδωκεν. Ils attendoient que les Empereurs arrivaſſent d'Afrique, mais étant peris par la violence d'une tempête en paſſant la mer, le Senat donna la puiſſance ſouveraine à Gordien, fils de l'un des deux.

Zoſime, comme il eſt aiſé de le voir par la ſuite de ſon Abregé, ne veut dire autre choſe par ces paroles, ſinon que les deux Gordiens Afriquains, & non pas un Ceſar, étoient attendus à Rome. Il s'explique fort clairement, & d'une maniere qu'il n'y a pas lieu de rien changer pour lui faire dire autre choſe. S'il y avoit quelque choſe à changer

ger, comme on le pretend, ce seroit
τῷ βασιλέων, τὸ Καίσαρςς, & ce ne seroit
plus alors le changement d'un simple
article du plurier au singulier; mais
d'un article & d'un mot, & au lieu de
τῆς ἀπολομῆμένων il faudroit aussi écrire,
τῷ ἀπολουήμύ. Mais par ces changements,
on feroit dire à Zosime tout autre chose qu'il n'a eu intention de dire. Il
n'y à qu'à le lire pour être convaincu
de cette verité. Il faut avoüer que l'on
à de tres grandes obligations à la Critique, & à ceux qui s'en sont servi pour
restituer une infinité de passages des
anciens Auteurs, qui en avoient besoin.
Mais, elle veut être mise en usage avec
grande prudence, & pour corriger un
passage, il faut qu'il y ait au moins apparence de corruption, autrement ce
n'est pas le corriger, c'est le gâter. Ce
n'a pas été assurément l'intention de
l'Auteur de l'Histoire des quatre Gordiens, de corrompre celui de Zosime.
C'est seulement le zele qu'il a eu pour
deffendre une mauvaise cause, qui l'a
obligé de recourir à tout ce qui lui
a paru plausible pour poser son syste-
me.

B

Il pousse plus loin la conjecture sur sa correction, & voici comme il raisonne avec beaucoup de subtilité. Pourquoi Zosime parle t-il d'un naufrage dans lequel il fait perir les deux Gordiens Afriquains? On sçait que ces deux Empereurs ont fini leur vie d'une autre maniere. Il faut bien qu'un Gordien soit péri par un naufrage. Car, c'auroit été une temerité insuportable d'en parler, & ce Gordien est le quatriéme dont il est question.

Cette consequence est si foible qu'elle ne meritepresque pas qu'on y réponde. N'est-il pas aussi clair que le jour, que ce naufrage est une chimere, & une fausseté manifeste que Zosime avance? Ne doit on pas en juger de deux autres faussetez tres grossieres qu'il debite au même endroit dans un tres petit espace, quand il fait succeder Gordien troisiéme immediatement à Maximin, sans dire un seul mot ni de Pupien, ni de Balbin, & quand il éleve le même Gordien à l'Empire, lors qu'il ne fut fait que Cesar? Aprés cela, je ne puis souffrir les loüanges outrées qu'on lui donne. Au contraire, ne doit-il pas être blâmé

de n'avoir pas lû au moins Herodien
& Dexippe, Historiens de sa nation,
qui lui auroient appris de quelle maniere étoient morts les deux Gordiens?
S'il l'avoit fait comme il le devoit, il
n'auroit rien avancé que de vrai dans son
Abregé, dont on doit faire peu de cas
aprés cette negligence.

Au lieu de la consequence que l'on
tire de cette erreur de Zosime, qui n'est
point pardonnable, Saumaise traite
ce naufrage de fable, & dit que ce qui
semble y avoir donné occasion, a été une
de ces tempêtes extraordinaires qui ar-
rivent quelques fois en Afrique, causées
par des vents impetueux du midi, qui
remplissent l'air de sable qu'ils enlé-
vent. Car, c'est ainsi que l'on doit
entendre ces tempêtes, & non pas
d'une pluye orageuse, comme il semble qu'on veût les expliquer dans
l'Histoire des quatres Gordiens. Cette
tempête donc, comme le rapporte Capitolin, mit l'armée du jeune Gordien
Afriquain, dans un desordre si grand,
que Capelien étant venu l'attaquer alors,
outre qu'elle n'étoit composée que de
gens de peu d'experience, ses soldats

qui avoient le vent favorable, n'eurent
pas de peine à la battre & à remporter
la victoire. *Fuit præterea ingens, quæ
rarò eſt in Africa, tempeſtas, quæ Gordiani exercitum antè bellum, ita diſſi-
pavit, ut minus idonei milites prælio fie-
rent, atque ita facilis eſſet Capeliani
victoria.*

C'eſt-là le jugement de cét illuſtre
Critique. Il avoit trop de lumiere pour
ne pas apporter une correction à ce paſſage de Zoſime, s'il en avoit eu beſoin,
& pour n'y pas déveloper un quatriéme Gordien, s'il n'étoit pas auſſi poſi-
tif qu'il l'eſt, pour ſignifier, quoi que
fauſſement, que les deux Gordiens Empereurs étoient peris ſur mer, & non
pas un quatriéme Gordien, tel qu'on ſe
l'imagine.

Cette penſée de Saumaiſe ſur le gen-
re de mort des deux Gordiens Afriquains, rapporté par Zoſime, ſi contraire â ce que les autres Hiſtoriens en
ont écrit, m'en fit naître une autre qui
plaît fort au ſage & au docte M. Boivin
de la Bibliotheque du Roi, ſçavoir, qu'il
pouvoit bien y avoir de l'erreur dans
le texte de cét Auteur, & que le mot

de πλεῖν pouvoit eſtre l'abréviation de πολεμεῖν, & qu'au lieu d'*inter navigandum*, il falloit expliquer, *inter pugnandum*. Nous conſultâmes le Manuſcrit grec de Zoſime de la Bibliotheque du Roi, & au lieu de πλεῖν nous y trouvâmes le mot de πμιν, qui ne ſignifie rien, & qui peut être pris auſſi bien pour une abreviation de πολεμεῖν, que de πλεῖν. Cela nous fortifia davantage dans la conjecture, qu'il faut lire veritablement πολεμεῖν, & non pas πλεῖν. Nous conclûmes même qu'un Copiſte demy ſçavant, avoit écrit πλεῖν, au lieu de πολεμεῖν, ayant crû qu'il n'y avoit des tempêtes que ſur mer. Si l'on y fait bien reflexion, l'on ne doutera preſque pas que Zoſime n'ait écrit πολεμεῖν, pour ſe conformer à la verité de l'hiſtoire, puis qu'en quelque façon, ce fut cette tempête de terre, qui fut cauſe de la perte de l'un & de l'autre Gordien Afriquain. Ainſi on n'auroit plus le pretexte de dire que quelque Gordien s'eſt noyé en paſſant la mer.

Mais ſans nous arrêter à cette correction, quoi que je la tienne tres-juſte, concluons qu'on ne peut tirer aucun avantage du texte de Zosime, pour soûtenir qu'un Gordien soit péri sur mer, ni encore moins, que ce pretendu Gordien ait été le quatriéme. Toutes les figures de Rhetorique que l'on étalle pour persuader que Zosime avoit puisé dans quelquesMemoires, qu'un Gordien s'étoit noyé, & qu'il s'est trompé de bonne foy en écrivant que cét accident étoit arrivé aux deux Gordiens, sont tres mal employées, puis qu'elles le sont pour une cause qui tombe d'elle même.

Examinons presentement si la harangue que Maximin fit à ses soldats, aprés avoir reçû la copie de l'Arrêt secret du Senat, est aussi forte pu'on se le promet, pour prouver que l'on doit admettre le même quatriéme Gordien Cesar. Vous verrez qu'elle l'est aussi peu que les passages ausquels on à déja répondu. Quoi qu'elle soit un peu longue; neanmoins, il est â propos de la rapporter ici toute entiere, afin que vous puissiez mieux juger des remarques dont elle sera accompagnée.

Commilitones rem vobis notam proferimus. Afri fidem fregerunt. Quid dicam, fregerunt. Nam quando tenuerunt? Gordianus senex debilis, & morti vicinus sumpsit Imperium. Sanctissimi autem P. C. illi, & qui Romulum & Cæsarem occiderunt, me hostem prædicaverunt cum pro his pugnarem, & ipsis vincerem. Nec solum me, sed etiam vos & omnes qui mecum sentiunt, quos & Senatui acceptissimos, & sibi adversissimos esse credebant. Quare factum est ut diximus, ut Gordianum adolescentulum peterent, qui statim factus est. Nec prius permissisunt ad Palatium stipati armatis ire, quam nepotem Gordiani, Cæsaris nomine nuncuparent, & Gordianum patrem ac filium, Augustos vocarent. Ergo, si viri estis, si vires habetis, eamus contra Senatum & Afros, quorum omnium bona vos habebitis.

Dispensez moi je vous prie, de rendre cette harangue en nôtre langue. Je ne suis pas assez habile pour vous faire un sens raisonnable de ces mots : *quos & senatui acceptissimos, &c.* parce qu'ils n'ont pas de liaison avec ce qui precede, non plus que ; *Quare factum est &c.* comme vous pouvez le voir vous même. Vous en sçaurez bien-tôt la raison.

On dit dans l'histoire des quatre Gordiens pretendus, que cette harangue de Maximin a toûjours paſſé pour la veritable, & l'on prepare par là les eſprits à trouver bon, que l'on en tire les conſequences dont l'on a beſoin, parce qu'il y en à deux autres, l'une rapportée par Capitolin dans ſes *trois Gordiens*, & l'autre par Herodien. Mais il ne s'agit pas de ſçavoir quelle eſt la véritable, les trois ſont peut-étre auſſi peu veritables l'une que l'autre. Car, qui peut en étre garant, puis que Capitolin en rapporte deux qui ſont differentes? Il y a apparence qu'il ne ſçavoit pas lui même laquelle avoit été prononcée par Maximin. S'il l'avoit ſçû, il n'en auroit rapporté qu'une ſeule, & non pas deux, ou du moins il auroit deſigné celle à laquelle il falloit ſe tenir. C'eſt pourquoi l'on s'efforce inutilement de perſuader, que celle qui eſt ici rapportée, eſt la veritable.

On ajoûte : *Il eſt vrai que preſque tous les Sçavans ne ſongeant pas qu'il pouvoit y avoir un quatriéme Gordien, l'ont voulu reformer, & en ôter l'endroit que nous avons cité.* Tous ces Sçavans ſe

reduifent a deux , à Cafaubon, & à
Saumaife, aufquels on fait un repro-
che de la reformation qu'ils ont euë
raifon de faire. Mais, ces fçavans hom-
mes étoient bien éloignez de fonger
qu'il y euft, ou qu'il pût y avoir un quatriéme Gordien, & quand ils auroient
vû les Medailles qui ont induit l'Angeloni a y fonger, & à lui donner l'exi-
ftence qu'il n'a jamais euë, ils n'étoient
pas gens à s'y laiffer tromper. Car, s'il
y avoit eu dans les anciens Auteurs qui
parlent des Gordiens, quelque texte qui
pût donner le moindre foupçon qu'il
y en eût un , ils voyoient affez loin pour
s'en appercevoir.

Sans parler de Saumaife , nous nous
arrêteront feulement à Cafaubon qui
a débroüillé la difficulté avec plus de
netteté. En examinant cette harangue,
& n'y trouvant pas un fens fuivy, &
remarquant outre cela, que Maximin y
difoit qu'il avoit déja dit des chofes
dont il n'avoit point parlé, il reconnut
que tout ce qui paroît là fi favorable
à l'opinion du quatriéme Gordien pretendu, étoit repeté en mémes termes
dans la vie de Balbin & de Pupien

B v

écrite par Capitolin, où il eſt fait mention de l'élection de Gordien Pie en
qualité de Ceſar, & où il doit être
placé. Ce ſage Critique n'en eſt pas de-
meuré là. Il a conſulté les Manuſcrits,
& il a trouvé dans un de ceux de la
Bibliotheque du Roi, que ce paſſage tout
entier ne s'y trouvoit pas dans cette harangue de Maximin, laquelle s'y lit
telle qu'il faut qu'elle ſoit, pour avoir
un ſens qu'elle n'a pas dans les Livres
imprimez. Mais, il vaut mieux qu'il
s'explique lui-même, puis qu'il m'a
prévenu dans cette découverte que j'a-
vois faite avant que de l'avoir conſulté.
Voici ce qu'il dit ſur ces mots : *Quare fac-*
tum eſt, ut diximus, &c.

»   Où Maximin a t-il dit cela ? Où
» nous renvoyent ces paroles ? C'eſt en
» premier lieu ce qui m'embaraſſe dans
» cette harangue, & enſuite que Maxi-
» min faſſe ici mention du troiſiéme
» Gordien. Cependant, on dit que c'eſt
» là la premiere harangue qu'il fit, aprés
» avoir reçeu la nouvelle du change-
» ment du Senat en ſa faveur, auquel
» tems on n'avoit pas encore penſé au
» petit fils de Gordien. Car, il y eut

» presque deux mois d'intervalle, de-
» puis la creation des deux premiers
» Gordiens, jusques à la designation
» du troisiéme. De plus, aprés avoir par-
» lé du jeune Gordien, il parle du pe-
» re & du fils, en confondant l'ordre
» des choses, telles qu'elles étoient ar-
» rivées, & ce sont des defauts que
» l'on ne trouve point dans la harangue
» rapportée par Herodien, dans laquel-
» le il n'est fait aucune mention du
» troisiéme Gordien, ni d'autre cir-
» constance qui ait rapport à l'histoire
» des choses dont il s'agit. C'est pour
» cela que je me tiens au Manuscrit de
» la Bibliotheque du Roi, qui ne recon-
» noît point pour legitime, tout ce qui
» est en cét endroit, depuis *quos &*
» *Senatus*, jusques à *nuncuparent*. Mais
» pourquoi balancer ? Il est suffisam-
» ment constant que ces paroles ne peu-
» vent pas se rapporter ailleurs qu'à la
» creation de Balbin & de Maximus,
» ou Pupien. Cela est si veritable, qu'el-
» les sont repetées mot pour mot, dans
» le Livre que Capitolin a écrit de
» leur vie ; c'est là leur place legitime.
» Or, de sçavoir quelle avanture, où

" plûtôt, quelle fureur à fait qu'elles
" se trouvent en cét endroit de la ha-
" rangue de Maximin, c'est ce qu'il est
" difficile de deviner. Suivons donc le
" Manuscrit de la Bibliotheque du Roi,
" & en les ôtant, écrivons ainsi : *Me*
hostem judicarunt, cum pro his pugna-
rem, & ipsis vincerem. Nec solum me,
sed etiam vos, & omnes qui mecum sen-
tiunt, & Gordianos patrem & filium,
Augustos vocarunt. Ils m'ont declaré ennemi, dans le tems que je combattois
pour eux, & que je remportois des vic-
toires à leur avantage. Ils s'en prennent
aussi à vous, & à tous ceux qui sont
bien intentionnez pour moi, & ils ont
appellé les Gordiens, pere & fils, Augustes.

Il n'y a rien à ajoûter à cette correction si necessaire & si juste, & qui
donne à la harangue de Maximin, qui
n'étoit pas intelligible auparavant, le
sens, l'ordre, & la netteté qu'elle n'a-
voit pas. Je m'en êtois apperçû comme je l'ay marqué, & tout autre qui
la lira avec attention, & qui ne sera pas
prévenu de la pensée d'un quatriéme
Gordien, qui n'est point, s'apperçevra

de la même obſcurité que cauſent ces paroles qui y ont été inſerées ſi mal à propos. Ce qui doit encore rendre la correction plus inconteſtable, & plus autentique, c'eſt que non ſeulement la raiſon & le bon ſens veulent qu'on la faſſe; mais encore, qu'elle eſt confirmée par le manuſcrit de la Bibliotheque du Roi, que j'ay auſſi conſulté aprés Caſaubon, & ce Manuſcrit doit étre regardé comme plus correct, que celui, ou que ceux dont on s'eſt ſervi pour faire la premiere édition de Capitolin, que l'on a ſuivie trop ſcrupuleuſement dans les autres editions. Car, ſauf le reſpect que l'on doit à Saumaiſe, & à Caſaubon, ils ont eu tort de ne pas faire imprimer chacun le texte de leur Capitolin, conformément aux bons Manuſcrits dont ils ſe ſont ſeulement ſervi dans leurs Commentaires, qu'un tres petit nombre de Sçavans prennent la peine de lire.

Quoi que l'on puiſſe dire, voila un de ces paſſages que l'on ſoûtient étre inexplicables, expliqué de la maniere qu'il doit l'étre, ſans le ſecours de l'opinion nouvelle, & ſans admettre un

quatriéme Gordien, qui s'évanoüit par
cét endroit, de même que par les autres.

Une autre marque visible que cette harangue, telle qu'elle est dans les
imprimez, est corrompuë, c'est que la
proclamation du Gordien duquel il est
parlé, se fait avec grand tumulte, ce
qui ne convient pas absolument à l'Arrêt du mois de Mai, lequel fut rendu
si tranquillement, & avec si peu d'oppo-
sition, que personne n'en sçut rien,
parce qu'il fut secret. Elle doit donc
se rapporter à l'Arrêt du mois de Juin.
Mais, Maximin fit cette harangue immediatement aprés avoir reçeu la nouvelle de celui du mois de Mai, & il
ne doit avoir reçeu celle de celui du
mois de Juin, que long-tems aprés.

Si l'on nous renvoye encore au passage de l'Arrêt secret du Senat, on re-
pliquera que la harangue de Maximin
étant corrigée, comme elle doit l'être,
& Maximin ne parlant pas d'un Gordien
proclamé Cesar, de même qu'il n'en
parle pas dans la harangue que Herodien lui fait prononcer, il est manifeste
que l'Arrêt secret du Senat, qui lui
avoit été envoyé, n'en parloit pas aussi.

C'est une consequence tres naturelle, laquelle ne doît pas étre contestée, & qui prouve en même-tems, que ce qui y marque la proclamation d'un Cesar, ne s'y trouvoit pas, & qu'il y à depuis été ajoûté & inseré sans raison, & par la même fureur dont parle Casaubon. C'est ce qui me confirme encore davantage dans le sentiment que j'ay marqué plus haut, sçavoir, que ces paroles font partie, ou même l'Arrêt entier du Senat, par lequel Gordien Pie fut declaré Cesar au mois de Juin. Enfin, aprés tout ce qui a èté rapporté, je ne crois pas qu'il y ait de la temerité de dire, que le Gordien pretendu quatriéme est imaginaire & chimerique, & ce qui suit le confirme encore davantage.

Capitolin, en parlant du jeune Gordien Afriquain, dit : *Cordus dicit eum uxorem, nunquam habere voluisse. Contra, Dexippus putat ejus filium esse Gordianum tertium, qui post hoc cum Balbino & Pupieno, sive Maximo, puerulus adeptus est Imperium. Cordus dit que jamais il ne voulut avoir de femme : au contraire, Dexippe croit que Gordien troi-*

siéme, lequel étant encore enfant par-
vint à l'Empire avec Balbin & Pupien,
ou Maximus, est son fils. Junius Cordus, Historien Romain, assure que jamais le jeune Gordien Afriquain, ne
voulut avoir de femme. Au contraire,
Dexippe, Historien grec, croit seulement que Gordien troisiéme étoit fils
du jeune Gordien Afriquain. Il le croit
seulement, il ne l'assure pas. Lequel
est le plus croyable de l'Historien Romain, ou de l'Historien grec, sur un
fait purement Romain? De celui qui
assure, ou de celui qui croit? Il n'y a
pas de difficulté que Junius Cordus doit
étre crû, & non pas Dexippe. Or, ce
jeune Gordien Afriquain n'a pas voulu se marier, donc il n'y à pas un Gordien qui ait été son fils, & qui ait été
Céfar, comme on l'affirme si fortement dans l'Histoire des quatre Gordiens. Donc on ne peut pas dire qu'il
y ait un quatriéme Gordien. Donc le
quatriéme Gordien est imaginaire.

Le même Capitolin, en parlant de
Gordien Pie, dit encore : *Hic natus est,
ut plures afferunt, ex filia Gordiani ; ut
unus, aut duo, nam plures invenire non*

potui, ex filio qui in Africa periit.
Comme plusieurs l'assurent, il est né de
la fille de Gordien, & comme un ou
deux le pretendent, car je n'en ay pû
trouver davantage, de son fils qui pe-
rit en Afrique. Le nombre des Auteurs
qui disent, que Gordien Pie est né de
Mettia Faustina, fille du vieux Gordien Afriquain, est si grand, que Capitolin ne le détermine pas. Mais, il
n'a pû en trouver qu'un, ou deux qui
ayent écrit qu'il étoit fils du jeune
Gordien Afriquain. Dexippe est cer-
tainement l'un de ces deux Auteurs,
puis qu'il le cite plus haut sur le même sujet. Le second pourroit être Zosime, qui dit dans le passage qui a été
cité, que Gordien Pie étoit fils de l'un
ds deux, & qu'il entend parler du
jeune Gordien Afriquain. Mais, comme
lui & Capitolin étoient à peu prés
contemporains, je ne sçai si l'on pourroit croire que Capitolin eût lû l'Ouvrage de Zosime, où même qu'il l'ait connu
ou qu'il ait entendu parler de lui. Quoi
qu'il en puisse étre, ce témoignage sert
à faire connoître que Gordien Pie étoit
petit fils du vieux Gordien Afriquain,

par Mettia Fauſtina, fille de cét Empeꞧeur, & pour confirmer que le jeune Gordien Aftiquain n'avoit point d'enfans, & par conſequent qu'on ne peut pas en produire un qui ait été Ceſar.

En voici un autre du même Capitolin, qui le marque encore aſſez ouvertement. Il dit en parlant du vieux Gordien : *Affectus, ſuos unicè dilexit, filium & nepotem ultra morem, filiam & neptem, religioſè. Dans les dernieres années de ſa vie, il aima ſa famille d'une affection ſinguliere, ſon fils & ſon petit fils, plus que les peres n'ont de coûtume, ſa fille & ſa petite fille, religieuſement.* Il n'eſt ici fait mention que d'un petit fils, & non pas de deux, & ce petit fils eſt Gordien Pie, fils de Mettia Fauſtina, ce qui ne doit plus ſouffrir de conteſtation, & non pas un autre. Si le vieux Gordien avoit eu deux petits fils, c'étoit ici le lieu d'en faire mention, & Capitolin l'auroit fait, s'il en avoit eu deux veritablement. Il n'y parle que du Gordien troiſiéme, que deviendra le quatriéme?

L'on dira peut-étre, l'on avoüe que

le jeune Gordien Afriquain ne s'est
point marié; mais il a eu des concubines, & jusqu'au nombre de vingt,
comme il est marqué dans Capitolin,
dont il a eu des enfans, & quelqu'un
de ces enfans aura été fait Cesar.

On répond qu'il peut aussi n'en avoir pas
eu, comme il arrive fort souvent dans
les païs, où il est libre d'avoir autant
de femmes qu'on en veut. Mais, quand
cela seroit, il faudroit prouver qu'un
fils né d'une concubine, & non pas
d'un mariage contracté suivant les loix
Romaines, ait jamais été fait Cesar, ou
Empereur Romain. Si cela avoit été,
c'étoit une particularité que les Historiens n'auroient pas oubliée, & Capitolin avoit lieu de s'en expliquer en
parlant de ces concubines. Mais, cela
n'est point, & je ne veux pas croire
que dans l'opinion nouvelle, on ait eu
l'intention de faire naître le quatriéme Gordien, d'une concubine. Il reste
donc que ceux qui se sont engagez à
la soûtenir, tombent d'accord que ce
quatriéme Gordien est imaginaire, &
qu'ils connoissent seulement les trois
Gordiens qu'ils connoissoient aupara-

vant, avec tous ceux qui ont de l'a-
mour pour l'histoire Romaine, & pour
les Medailles.

Mais, après avoir rendu inutiles les
autoritez tirées des Auteurs sur lesquelles on s'appuye dans l'histoire des
quatre Gordiens, pour établir le quatriéme, vous auriez sujet cher Philale-
the, de n'être pas entierement satisfait, si je negligeois la preuve qu'on
y apporte du côté des Medailles, laquelle semble d'autant plus forte, que
les Antiquaires s'y attachent particulierement, à cause des découvertes qu'ils
ont faites par leur moyen, dont on
ne trouve rien dans les Auteurs. Il
semble même par le titre d'Histoire prouvée par les Medailles, qu'on se fait
fort sur cette preuve unique, sans se
mettre en peine de ce que les Auteurs
disent au contraire. Je ne l'ignore pas,
& je n'avois garde aussi de passer cette preuve sous silence, parce qu'en effet
je croirois n'avoir rien fait pour convaincre sur cette nouveauté, ceux qui
l'ont fait revivre, si je ne faisois voir encore que les Medailles dont ils ont pris
occasion de lui donner plus de jour,

font veritablement des Medailles de
Gordien Pie , & non pas de leur quatriéme Gordien. Mais, il n'eft pas moins
neceſſaire que je le faſſe pour l'amour
de vous , afin que vous n'ayez aucun
fcrupule fur cette difpute, qui vous
empêche de prendre le party que
vous devez. Vous ferez perſuadé de
la verité que j'ay avancée , fi vous con-
tinuez de lire ma lettre avec la même patience que vous avez lû ce qui
precede.

Sans m'arrêrer au long difcours dont
l'Auteur ds l'Hiftoire des quatre Gordiens fe fert pour tâcher d'arriver à
fon but, qui eft de perfuader que l'inf-
pection feule des Medailles qu'il pro-
pofe, doit refoudre la difficulté , & faire conclure qu'il y à un Gordien diffe-
rent de Gordien Pie , fa preuve abou-
tit à un fait, qui eft, à ce qu'il foûtient,
que les Medailles , & particulierement
celles d'argent, du prétendu quatriéme
Gordien , font entierement differentes
de celles de Pupien, & de Balbin, &
*qu'elles ne leur reſſemblent nullement, ni
pour la quantité , ni pour la qualité du
métail ; & qu'ainfi elles ne peuvent*

pas appartenir à Gordien Pie, parce
que ses Medailles ayant dû être frapées
sous ces deux Empereurs, il s'ensuit
qu'elles ne doivent pas avoir une difference si remarquable, mais une unifor-
mité en toutes choses. Il ajoûte: *Les
Medailles de nôtre Gordien font d'un
argent fin, rondes, & beaucoup mieux
travaillées que celles de Balbin & Pupien,
qui font d'un aloy, où il entre les trois
quarts d'empirance, & d'une rondeur fort
negligée.*

A la verité, ce seroit là un argument
d'un grand poids, & qui contre-balan-
ceroit extremement les autoritez des
Historiens, qui conspirent toutes à ne
reconnoître que trois Gordiens seulement, si le fait que l'on avance étoit veritable. Mais avant que d'en parler si
affirmativement, il falloit avoir vû
d'autres Cabinets de Medailles antiques
que ceux où l'on n'a remarqué que
des Medailles de Balbin & de Pupien,
*qui font d'un aloy où il entre les trois
quarts d'empirance, & d'une rondeur
fort negligée.* Car, dans d'autres Cabinets, on en auroit remarqué de ces
deux Empereurs, qui font de la même

quantité, & de la même qualité de
métail, d'un argent fin, rondes, &
auſſi bien travaillées que celles du pretendu quatriéme Gordien Ceſar.

Quoi que je n'aye point de pretention
à la gloire d'être un grand Antiquaire;
neanmoins je n'ai pas laiſſé que d'en voir,
& M· Vaillant, qui eſt du conſente-
ment de tout le monde, le plus habile de tous ceux qui portent ce nom,
que j'ay conſulté là-deſſus, m'a mon-
tré dans ſon Cabinet, un Pupien tel
qu'on nous repreſente le Gordien Ceſar, & il m'a aſſuré qu'il avoit vû des
Pupiens & des Balbins ſemblables dans
le cabinet du Roi, & dans d'autres qu'il
a vûs.

Je puis auſſi rendre témoignage de
ceux qui ſont dans le Cabinet du Roi,
parce que M. Oudinet qui en à la garde, m'a fait la grace de me les montrer.

Cela étant tres conſtant, comme il
l'eſt, on ne peut plus ſoûtenir que
les Medailles de Gordien Ceſar, n'ayent
été frapées ſous Pupien & Balbin, &
le fondement ſur lequel on s'appuyoit
pour le ſoûtenir, ne ſubſiſte plus. Ces

Medailles de Gordien Pie avec le titre de Cesar, car elles sont de lui,
& non pas d'un autre, & celles de
Balbin & de Pupien, qui sont tres ra-
res, font voir que c'est sous ces deux
Empereurs que s'est fait le changement
des Medailles du bon en bas aloy, &
apparemment peu de tems! aprés leur
élevation à l'Empire, à cause des necessitez pressantes de l'Etat. Si l'on
n'en a point frapé au coin de Gordien
Pie Cesar, c'est à cause que l'on s'est
contenté d'en fraper dans le tems de
sa proclamation, pour en être une
marque, ou pour d'autres raisons qui ne
nous sont point connuës, & que depuis
ce tems-là on a negligé de lui en fraper
de bas aloy, semblables à celles des deux
Empereurs.

Ce n'est pas encore assez, on aura
recours à la difference sensible du portrait de Gordien Pie Cesar, d'avec le
portrait de Gordien Pie, Empereur,
& à la grande habileté des Monetaires Romains, qui attrapoient si bien
la ressemblance des Cesars & des Empereurs dans leurs Medailles, & dans
leurs Medaillons.

Il y a

Il y à premierement deux chofes à répondre à cette objection. La premiere eft, que Gordien Pie n'avoit point paru en public que le jour auquel il fut proclamé Cefar, & que les Monetaires n'eftant pas accoûtumez à le voir, n'attraperent pas d'abord fa reffemblance, nonobftant toute leur habileté. La feconde réponfe eft, que le même Gordien étant alors âgé d'onze ans feulement, ou de treize, comme d'autres l'ont écrit; & comme l'on change ordinairement de traits à cet âge, il fe trouva en effet qu'il en avoit entierement changé dans l'efpace d'environ un an qu'on ne lui frapa point de Medailles, ou que les Monetaires euffent toute la liberté de l'obferver à loifir, & qu'ils attraperent enfin fa reffemblance dans les Medailles que l'on à de lui, fous le titre d'Empereur.

Secondement, nonobftant la chaleur avec laquelle on parle de cette diffemblance, elle n'eft pourtant pas fi grande que l'on à entrepris de la dépeindre, & par le difcours, & pa une Medaille gravée que l'on a reprér

C

sentée, telle que l'on a eu dessein qu'elle le fût, & non pas telle qu'elle est en effet dans son original. Car, en comparant à l'œil les Medailles de Gordien Pie, Cesar, avec celles de Gordien Pie, Empereur, qui ont été frapées les premieres aprés son avenement à l'Empire ; on observe dans celles-ci tant de traits qui paroissent dans les autres, qu'on reconnoît aisément que c'est la même personne qui est representée dans les unes & dans les autres, & ceux qui ont une longue pratique des Medailles ne s'y trompent pas.

On ne doit donc plus se prévaloir du fait que l'on a avancé, & que l'on tenoit si certain, de la difference des Medailles d'argent de Gordien Cesar, pour la quantité, & pour la qualité du métail, d'avec celles de Pupien & de Balbin ; puis qu'il y en à de semblables de ces mêmes Empereurs. On ne doit pas aussi s'arrêter à la dissemblance que l'on exagere beaucoup au delà de ce qu'elle est dans la verité. En ajoûtant à cela les autoritez des Historiens, il n'y a plus rien qui ne concourre à maintenir constamment, & incontestablement, les seuls trois Gordiens que l'on à toûjours connus jusqu'à present, & à renvoyer le quatriéme dans la Sphere des êtres imaginaires, d'où l'Angeloni l'a fait sortir.

Je n'entreprends point de rien dire en particulier pour la deffense de Capitolin, qui est si maltraité dans l'Histoire des quatre Gordiens. Tout le mal que l'on en dit, n'est que l'effet du chagrin que l'on à de ce que cét Auteur est si précis en faveur de trois Gordiens seulement, les ayant joints tous trois ensemble dans un seul Livre adressé au grand Constantin. S'il y avoit eû la moindre apparence d'un quatriéme, peut-on s'imaginer, qu'il eût voûlu le dissimuler, ou le cacher à un si puissant Empereur? Jamais on ne pourra le croire, poutvû qu'on n'ait pas l'imagination remplie d'une prévention mal fondée. Mais, Capitolin ne pouvoit point parler d'une chose qui n'étoit pas, & dont aucun Historien n'avoit parlé.

Disons, que ce n'est pas à nous à

gloſer ſur les ouvrages des anciens, &
qu'aprés quatorze ou quinze ſiecles,
on vient trop tard pour controller un
Hiſtorien, ſur des faits dont il étoit
ſi voiſin, & qu'il avoit trouvez, autant qu'il le paroît, dans les Hiſtoriens
contemporains. Le mal que je trouve
encore, c'eſt que nous ne tirons pas
des conſequences du texte des Auteurs;
mais, que nous voulons à tort & à
travers, que leur texte, méme en le
corrompant, ſerve de conſequence à
nos préoccupations. Mais, la bile que
l'on répand contre Capitolin n'empé-
chera point qu'il ne paſſe toûjours pour
un Auteur auquel on à l'obligation de
mille particularitez de l'Hiſtoire Romaine, que l'on ne trouve pas ailleurs.

J'ai déclaré au commencement de
ma Lettre, que je ne dirois rien directement contre l'Hiſtoire des quatre
Gordiens, pour m'attacher uniquement
aux preuves. Je ne puis pourtant pas
me diſpenſer de vous avertir d'une
mépriſe remarquable que vous y trou-
vèrez p. 37. où il y a, *Suffetes*, au lieu
de *Srff. éti*, ces *Suffetes* étoient dans la
Ville de Carthage, ceux qui avoient

l'adminiſtration des affaires de la Ville,
de même que les Conſuls à Rome, &
ce mot tire ſon origine, de l'Hebreu,
Sophetim, Juges. Les *Suffecti*, étoient à
Rome ceux qui entroient dans l'exer-
cice du Conſulat pendant le cours de
l'année, à la place de ceux qui y étoient
entrez au commencement, c'eſt à dire
au mois de Janvier. L'Auteur s'eſt trouvé l'eſprit tellement rempli de Carthage, en y cherchant le quatriéme Gordien qui n'y étoit pas, qu'en parlant
de Rome, il y a trouvé les *Suffetes*, au
lieu des *Suffecti*, à cauſe de la reſſemblan-
ce des deux mots.

Je n'oublieray pas auſſi une choſe
qui a été remarquée par tous ceux
qui ont lû cette Hiſtoire, à ſçavoir,
le double ff. repeté par tout l'ouvrage dans les mots *d'Affrique*, *Affrica-
nus*, *Affricani*, Affriquain, & ce qui
eſt encore pis, dans AFFR. cité des
Medailles, où l'on lit AFR. par une
ſeule F. Mais, il n'y à pas à s'étonner
qu'une perſonne qui double Gordien
Ceſar, & les *Suffetes*, double encore
les lettres ſans neceſſité.

Je pourrois me flater que l'Auteur

de cette Histoire, qui protefte à la
fin de fon Ouvrage qu'il eft prêt de
fe rendre, fi on peut le convaincre
qu'il a tort, fe rendroit veritablement
fi cette lettre tomboit entre fes mains,
& qu'il voulût bien la lire avec attention. Mais, nonobftant la force de la
réponfe à fes preuves, comme je me
fouviens d'une parole très remarquable d'une perfonne de grande confide-
ration, & d'un merite très diftingué,
qui difoit qu'il ne falloit jamais avoir
la prefomption de pouvoir perfuader
fon fentiment, à qui que ce fût qui
en auroit un autre fur le même fujet,
parce que connoiffant l'homme en lui
même comme il le connoiffoit, il fça-
voit la tendreffe qu'il avoit pour toutes les productiont de fon efprit; je n'ai
pas auffi la penfée de croire que la vé-
rité que ja'y deffenduë, toute claire
qu'elle eft, puiffe, eftre embraffée par
une perfonne qui a pris tant de plaifir,
& qui s'eft donné tant de peine à foû-
tenir le contraire. Tout ce que je pou-
rois efperer, feroit, que ceux qui ne font
pas déja engagez dans le même parti,
étant plus difpofez à diftinguer le vrai

d'avec le faux, en comparant les preuves contestées, avec ce que l'on y a répondu, entreront sans difficulté dans la cause des trois Gordiens Quoi qu'il en puisse être, j'ai la consolation d'avoir travaillé dans la seule venë de découvrir la verité, & de pouvoir dire que j'ay eu le bonheur de la rencontrer.

Enfin, il me semble que j'ay satisfait vôtre curiosité, & que j'en ay assez dit pour vous délivrer des doutes que la nouvelle opinion des quatre Gordiens avoit pû vous faire concevoir, & que vous demeurerez persuadé que l'on n'en doit recevoir que trois avec les Historiens, & suivant les Medailles ; nonobstant la dissemblance de celles que l'on allegue, lesquelles sont sans difficulté, des Medailles de Gordien Pie troisiéme, & non pas d'un quatriéme comme on a voulu le supposer.

FIN.

9 782019 917425